令人着迷的中国旅行记

古老的动画片

GULAO DE DONGHUAPIAN

北京 下

乔 冰/著 智慧鸟/绘

吉林出版集团股份有限公司
全国百佳图书出版单位

图书在版编目（CIP）数据

古老的动画片：北京.下 / 乔冰著；智慧鸟绘
. -- 长春：吉林出版集团股份有限公司, 2022.9（2024.3重印）
（令人着迷的中国旅行记）
ISBN 978-7-5731-2053-3

Ⅰ.①最… Ⅱ.①乔… ②纸… Ⅲ.①北京—地方史
儿童读物 Ⅳ.① K291-49

中国版本图书馆CIP 数据核字(2018) 第251546号

令人着迷的中国旅行记

GULAO DE DONGHUAPIAN BEIJING XIA

古老的动画片——北京（下）

著　　者：乔　冰
绘　　者：智慧鸟
出版策划：崔文辉
项目策划：范　迪
责任编辑：姜婷婷
责任校对：徐巧智
出　　版：吉林出版集团股份有限公司（www.jlpg.cn）
　　　　　（长春市福祉大路5788号，邮政编码：130118）
发　　行：吉林出版集团译文图书经营有限公司
　　　　　（http://shop34896900.taobao.com）
电　　话：总编办 0431-81629909　　营销部 0431-81629880 / 81629881
印　　刷：唐山玺鸣印务有限公司
开　　本：720mm×1000mm　1/16
印　　张：8
字　　数：100千字
版　　次：2022年9月第1版
印　　次：2024年3月第2次印刷
书　　号：ISBN 978-7-5731-2053-3
定　　价：29.80元

　　中国传统文化丰富多彩，民俗民风异彩纷呈，它不仅是历史上各种思想文化、观念形态相互碰撞、融会贯通并经过岁月的洗礼遗留下来的文化瑰宝，而且是中华民族几千年文明的结晶。而作为世界非物质文化遗产重要组成部分的中国非物质文化遗产，在历史、文学、艺术、科学等领域具有非同寻常的价值，正越来越受到世界各国政府、学术界及相关民间组织的高度重视。

本系列丛书为弘扬中国辉煌灿烂的传统文化，传承华夏民族的优良传统，从国学经典、书法绘画、民间工艺、民间乐舞、中国戏曲、建筑雕刻、礼节礼仪、民间习俗等多方面入手，全貌展示其神韵与魅力。丛书在参考了大量权威性著作的基础上，择其精要，取其所长，以少儿易于接受的内容独特活泼、情节曲折跌宕、漫画幽默诙谐的编剧形式，主人公通过非同寻常的中国寻宝之旅的故事，轻松带领孩子们打开中国传统文化的大门，领略中华文化丰富而深刻的精神内涵。

人物介绍

茜茜

11岁的中国女孩儿，聪明可爱，勤奋好学，家长眼中的乖乖女，在班里担任班长和学习委员。

布卡

11岁的中国男孩儿，茜茜的同学，性格叛逆，渴望独立自主，总是有无数新奇的想法。

瑞瑞

11岁的中国男孩儿，布卡的同学兼好友，酷爱美食，具备一定的反抗精神，对朋友比较讲义气。

欧蕊

11岁的欧洲女孩儿，乐观坚强，聪明热情，遇事冷静沉着，善于观察，酷爱旅游和音乐，弹得一手好钢琴。

塞西

9岁的欧洲男孩儿，活泼的淘气包，脑子里总是有层出不穷的点子，酷爱网络和游戏，做梦都想变成神探。

机器猫费尔曼

聪慧机智，知识渊博，威严自负，话痨，超级爱臭美；喜欢多管闲事，常常做出让人哭笑不得的闹剧。

华纳博士

43岁的欧洲天才科学家，热爱美食，幽默诙谐，精通电脑，性格古怪。

目 录

目录

第一章
Chapter 1

失忆的费尔曼

啊?!

啊?!

华纳博士,你的形象确实跟熊有很多共同点……

啊?!

现在是乾隆年,哪里有动物园啊?

看来费尔曼的脑子真的坏掉了。

机器猫推开众人,头也不回地朝前跑去。

没道理呀,怎么会这样?

……

机器猫在街头异常繁华的地方停住了脚步。

总算追上你了……咦，这是哪里呀？好热闹！

壮观的单孔高拱桥旁，众人疑惑地张望着。

这里就是天桥，它是明、清两朝的皇帝从皇宫到天坛祭祀的必经之路。

不对呀，北京的天桥根本没有桥！

看到那座单孔高拱桥了吗？

哇，原来天桥以前是有桥的呀！

嘿嘿！

费尔曼，别闹了，快下来吧！

当然！那是皇帝走的桥，皇帝贵为天子，他所走的桥就叫"天桥"了。

那这座桥后来去哪里了？

后来为拓宽道路拆除了，只空留了"天桥"的地名。

好壮观的桥！不过它好像被木栅栏封住了……

是的，官民只能从两侧的木桥通行。

哇，这里好热闹啊，附近开了这么多酒楼和饭馆……

好！

好！

好！

天桥的热闹不仅在于这些，更主要的是有身怀绝技的民间艺人在这里表演。

表演？我最喜欢看表演啦！

我们赶紧去看看吧！

机器猫径直朝着人群跑了过去，众人赶紧跟上。

慢点儿啊！

等等我们啊！

咦，这些人在做什么呀？

这些都是来自全国各地的民间艺人，他们正在撂地儿。

能不能转换成我可以听懂的语言？

所谓"撂地儿"，就是在地上画个白圈儿，作为演出的场地。

在布帘后的一位民间艺人正在表演口技。

曲艺

　　曲艺是中华民族各种说唱艺术的统称，它是由民间口头文学和歌唱艺术经过长期发展演变形成的一种独特的艺术形式，以说、唱为主要的艺术表现手段。

　　北京天桥是北京民间文化艺术的摇篮。曲艺中有些曲种和节目，如相声、双簧、快板等，就是在天桥发展起来的。天桥培育了一大批身怀绝技的民间艺人和著名的艺术家。

快板

曲艺的种类

曲艺品种繁多，存在并活跃于中国民间的曲艺品种约有400种（历史上曾经出现但现在已经消亡的曲种不计入此列）。

曲艺根据不同表现形式划分为：

说，如小品、相声、评书、评话；

唱，如京韵大鼓、单弦牌子曲、扬州清曲、东北大鼓、温州大鼓、胶东大鼓、湖北大鼓等；

似说似唱，如山东快书、快板书、锣鼓书、萍乡春锣、四川金钱板等；

京韵大鼓

又说又唱，如山东琴书、徐州琴书、恩施扬琴、武乡琴书、安徽琴书、贵州琴书、云南扬琴等；

又说又唱又舞，如二人转、十不闲莲花落、宁波走书、凤阳花鼓、车灯、商花鼓等；

车灯

还有少数民族的一些曲艺，如新疆维吾尔族的热瓦普苛夏克、青海的平弦、内蒙古的乌力格尔与好来宝、西藏的《格萨尔》说唱、云南白族的大本曲等。

不同曲艺虽然各有各的发展历程，但它们都具有鲜明的民间性、群众性。这使得中国的曲艺不仅成为拥有曲种最多的艺术门类，更是深深扎根民间、具有最广泛群众基础的艺术门类。

　　著名的《大隋唐》《三国志平话》等历史演义，不管是通过说书还是唱戏，都能把中国历代传奇故事娓娓道来，充分体现了曲艺的特殊表现手法。

第二章
chapter 2
精彩纷呈

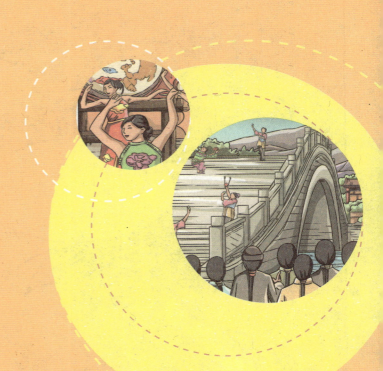

呵呵！没有啦！

茜茜，你好聪明！

你的意思是……她蒙对了？！

布卡和瑞瑞一起瞪着顾叔叔。

相声与口技的确颇有渊源，从某种意义上来说，相声起源于口技。

口技

相声

什么?

布卡和瑞瑞面面相觑。

不会吧? 光名字就有天壤之别呀!

xiàng sheng
相 声
kǒu jì
口 技

一时半会儿还找不到什么词来形容你们!

机器猫摇晃着脑袋冲他们撇撇嘴。

两位身着浓郁民族特色服饰的艺人，敲击着小花鼓伴奏，边跳边唱。

好棒！

乾隆年间，凤阳花鼓歌舞经常在宫廷为皇帝表演，《霓裳续谱》一书中就收录了《花鼓献瑞》《鼓乐呈祥》等歌舞节目。

天桥各处，汇集了各种精彩纷呈的演出，茜茜一行人不停地穿梭着。

好多啊，看得我眼花缭乱！

太好看了！我刚才想去做什么来着？不重要了，专心看表演吧！

他们表演的样子好投入呀！

机器猫溜达了一圈，在两个身着满族服装的艺人跟前停住了脚步。

相声的起源

相声一词，古作"象生"，原指模拟别人的言行，后发展为象声。

象声在明朝已经盛行，民国初年逐渐从一个人模拟口技发展成为单口笑话，名称也就随之转变为相声。

相声的种类

相声是以讲笑话或滑稽问答引起观众发笑的曲艺形式，主要用北京话表演，各地也有用当地方言表演的"方言相声"。

相声的表演形式有单口、对口、群口三种。单口相声由一个演员表演，讲述笑话；对口相声由两个演员一捧一逗；群口相声又叫"群活儿"，由三个或三个以上的演员表演。

凤阳花鼓

凤阳花鼓又称"花鼓""打花鼓""花鼓小锣"等，起源于凤阳府临淮县（今凤阳县东部）。

这花纹好漂亮啊！

凤阳花鼓是一种集曲艺和歌舞于一体的汉族民间表演艺术，尤以曲艺形态的说唱表演最为著名，形成于明代。表演形式是由一人或二人自击小鼓和小锣伴奏，边跳边唱。

凤阳花鼓有"凤阳一绝"之美称，并入选首批国家级非物质文化遗产名录。

凤阳花鼓

单弦

单弦起源于北京，清乾隆、嘉庆年间兴起，曲调丰富。

单弦开始时由一名艺人用三弦自弹自唱，后来逐渐发展成为一人弹三弦伴奏，另一位艺人手持八角鼓演唱。

八角鼓是满族的一种小型打击乐器，鼓面蒙蟒皮，鼓壁为八面，七面有孔，每孔系有两个铜镲片，以手指弹鼓或摇动鼓身使铜片相击而发出声音。

第三章

Chapter 3

古老的动画片

天哪！世界上竟然还有这么神奇的表演，太棒啦！

我最喜欢的《西游记》呀！

你瞧那个孙悟空，威风凛凛的，金箍棒耍得太棒了！

等会儿上演的《白蛇传》才好看呢！那青蛇不仅能惟妙惟肖地走动，还能整理发饰，不愧为蛇精！

真好看！到底是怎么表演的？

我们去幕布后面看看！

这就是世界上最早的动画片吧？喂，你们等等我！

你们瞧，孙悟空的脖子那里，用线连着一根竹棍呢！

不只是脖子，孙悟空的四肢也用线连着竹棍！

1，2，3……哇，原来每一个皮影人，要用5根竹棍操纵呢！

老爷爷，您的表演太精彩了！哇，这木箱里放了这么多皮影啊！

是啊，有戏剧中的人物，比如你刚才看到的青蛇和孙悟空，也有花、鸟、鱼、虫，还有战马、刀枪。

老爷爷，它们为什么会跑，会滚，会爬，甚至会精彩地打斗？

看到这些竹棍操纵杆了没？也叫签子……

偷偷摸摸……

此时一个硕大的脑袋靠拢过来，趣味盎然地打量着木箱中的皮影。

这些签子有的固定在胸部，有的固定在双手上，跟铁丝相连，使影人能自如地翻转活动，栩栩如生。

你也懂皮影？

哎呀，你踩到我的脚啦！啊？机器猫？！

怪兽来啦，救命啊！

老爷爷别害怕，机器猫不会伤害您的。

机器猫？

就是装着电脑芯片的猫形机器人……

电脑？你的意思是，他不是人？

你和自己的家人走散了？那你记得回家的路吗？

对……糟糕，华纳叔叔和姐姐他们呢？！

呜呜呜，我不记得啊！

你先跟我回家吧，我帮你打听你家人的下落。

好啊，我正好可以跟您学皮影啦！

我也要学！

我有个好主意，也许能帮机器猫恢复记忆！

老爷爷，机器猫的样子也能做成皮影吗？

能啊，不过得花些时间。

皮影戏

皮影戏是中国民间古老的传统艺术，又称"影子戏"或"灯影戏"，老北京人则叫它"驴皮影"。

皮影戏是用一种以兽皮做成的人物剪影，在蜡烛等光源的照射下，通过隔亮布进行表演，是中国汉族民间广为流传的傀儡戏之一。

皮影戏始于西汉，兴于唐朝，盛于清代，元代传至西亚和欧洲，可谓历史悠久。

皮影戏的文字记载有2000多年的历史：汉武帝的爱妃李夫人病故，武帝思念心切，终日神情恍惚。大臣李少翁偶遇孩童手拿布娃娃玩耍，影子倒映在地面栩栩如生。李少翁深受启发，用棉帛裁成李夫人的影像，并在其手脚处装上木杆，入夜围上帷帐点上灯烛，恭请武帝端坐帐中观看。武帝看罢龙颜大悦。这段故事已载入《汉书》，被认为是皮影戏的渊源。

早在摄影、电影和电视发明之前的1000多年，皮影是世界上最古老的彩色动画，给人们的生活增添了数不尽的快乐。

皮影不仅是傀儡艺术，还是地道的工艺品。皮影大的长55厘米，小的长10厘米左右。它有选皮、制皮、画稿、过稿、镂刻、敷彩、发汗熨平、缀结合成等8道制作工序。

这就是皮影的制作工序！

皮影的制作方法：

先将牛、羊、驴等兽皮去脂、刮挺，然后钉在木板上拉紧晒干；

用药物处理将其变薄呈半透明状，涂上桐油；

从整张皮中选取适合制作皮影各个部位的部分，进行裁切；

将各种图谱描绘在上面；

用各种型号的刀具刻凿，前后多则需要3000多刀；

涂抹上色，主要使用红、黄、青、绿、黑5种纯色；

脱水发汗，适当高温使敷彩渗进兽皮内，并使皮内水分得以挥发；

制作皮影的各个部位，并缀结起来，这样一个皮影就制作好了。

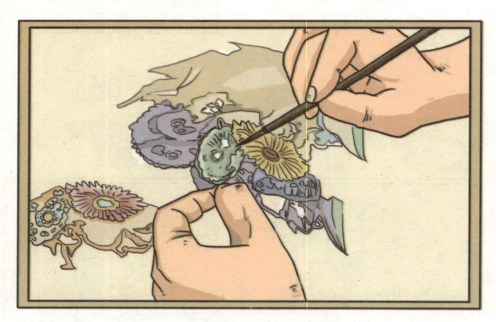

制作工序这么复杂！

书生白雨简

塞西到底在哪里呀？还有机器猫……

我们吃点儿东西就继续寻找，你别太担心了。

怎么只有馒头？我要吃肉！

其实馒头是万能的，拍扁了就成了大饼，用梳子梳梳就成了面条，想吃汉堡就在里面夹点儿菜……

有馒头吃就不错啦，我们身上的现金和银行卡在这个时代根本毫无用处。

不会吧？难道我们要吃"霸王餐"？

就是这馒头我也没钱支付，先吃了再说吧！

好优美的书法！仿佛有音乐在上面流动。

哈哈……

顾叔叔，你是有特异功能，还是饿得出现了幻觉？

对呀，看书法怎么会听到音乐声？

好的书法作品，每个字的间架结构，以及字与字之间，都有类似音乐的韵律。

比如这幅书法作品，潇洒飘逸，我仿佛听到山林里清脆的溪水声。

我倒是听过"字如其人"的说法，是不是就是顾叔叔你表达的这种意思？

书法是写得大气还是小气，是潇洒还是拘谨，都和书法家的品格有关。

乾隆皇帝也是一位书法家。故宫太和殿牌匾上的"建极绥猷"四个字就是乾隆皇帝的亲笔御书。

是的，他的字圆润遒媚，颇有个人特色。

那瑞瑞的字歪歪扭扭的，是不是说明他满肚子歪点子？

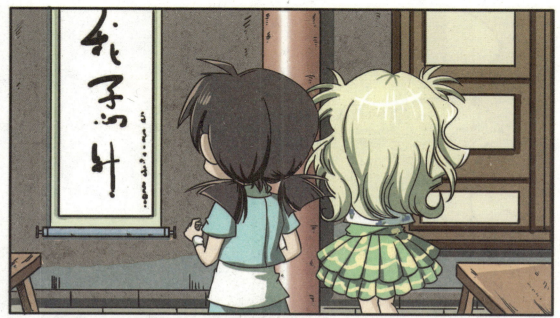

我好像在欣赏一幅画。

又一位饿得出现幻觉的人。

欧蕊，你好棒！字画本一体，好的书法作品充分展示着画的意境。

承蒙各位如此赏识我的书法，在下白雨简，不胜荣幸。

太帅啦！

你们的审美很有问题，他哪有我帅？！

原来这幅《兰亭序》的临摹，是出自公子之手。幸会！

拜托，你们能不能别这么文绉绉地对话？不过你看起来好像有心事。

我家祖传的一幅书法作品昨夜被偷走了。

有什么线索吗?

唯一的线索是那个小偷穿着一件带尾巴的衣服。

难道是霍曼?

带尾巴的衣服? 哇,你们这里也流行燕尾服吗?

不可能的,没有机器猫,他不可能从景泰年穿越到清乾隆年。

这不是重点,重点是:身无分文的我们今晚睡在哪里?

书法

　　中国书法是一门古老的汉字书写艺术，从甲骨文、石鼓文、金文演变到大篆、小篆、隶书，至东汉、魏、晋的草书、楷书、行书等，书法一直散发着独特的艺术魅力。

隶书

　　书法是一种独特的视觉艺术，是一种民族符号，代表了中国文化的博大精深和民族文化的永恒魅力，被誉为"无言的诗，无行的舞，无图的画，无声的乐"。

楷书

楷书也叫正楷、真书、正书，开始于汉末。楷书的特点是笔画平直，是字体中的楷模，所以称为"楷书"，一直沿用至今，我们现在通行的手写正体字就是楷书。

楷书在结构上强调笔画和部首均衡分布、重心平稳，字与字排列时要大小匀称、行款整齐。

历代许多书法家主张把学习楷书作为学习书法的第一步。

楷书

行书

　　行书是介乎草书和楷书之间的一种书体，它不像草书那样难写难认，又不像楷书那样严谨端庄，所以古人说它"非真非草"。行书的特点是运用了一定的草法，部分地简化了楷书的笔画，改变了楷书的笔形，草化了楷书的结构。

　　行书比楷书流动、率意、潇洒，又比草书易认、好写。

天下第一行书——《兰亭序》

《兰亭序》，又名《兰亭集序》，是中国晋代时，书圣王羲之在绍兴兰渚山下以文会友而写出的，被称为"天下第一行书"。

《兰亭序》中出现20个"之"字和7个"不"字，却无一雷同。它的布局匠心独具，笔法多变，被人们称赞为如"清风出袖，明月入怀"。

这件书林瑰宝如今下落不明。

这就是王羲之的《兰亭集序》。

第五章

Chapter 5

化石为泥

你们今晚就住在我家吧!

谢谢你收留我们,还替我们付了饭钱。

不知道塞西和机器猫今晚会不会露宿街头?

别难过了,我们明天继续找。

这里就是大名鼎鼎的琉璃厂文化街了，笔墨纸砚、古玩字画应有尽有……也许那个小偷会把书法作品卖掉。

反正我们也没有头绪该去哪里寻找塞西，干脆就跟着白雨简碰碰运气吧！

你是想赖着人家一直管吃管住吧？！

你怀疑那个小偷偷了你家的书法作品后，会跑到这里来卖？白雨简，你很有侦探的潜质！

也不全是，还有一个原因是我要来取篆刻好的印章。

这个"松竹斋"，就是后来琉璃厂赫赫有名的"荣宝斋"。

一位仙风道骨的匠人，正全神贯注地在一块寿山石上篆刻着。

哇！

这位张师傅已经篆刻近10万枚印章了，很多人都把他的印章作为品位的象征。

近10万枚？

是啊，他的作品被美誉为"银钩铁画"。

我们张师傅的手艺，可是通过"化石为泥"的苦练才得成的。

化石为泥？难道他会武功？

这篆刻技艺真是出神入化！

意境深邃，让人回味无穷，真不枉我4个月的等待。

你等了4个月？

张师傅的篆刻一印难求，4个月算短的啦……咦，那位先生又来了！

篆刻

篆刻就是以刀代笔，在象牙、玉、石、水晶等印材上按照已经写好的书法或画好的图像进行雕刻的艺术。因以制作印章为主，又称"印章艺术"。

篆刻是中国独特的传统艺术，是国粹之一，具有实用与欣赏的双重价值。它融万千气象于方寸之间，为历代文人墨客所钟爱。

篆刻艺术的历史可追溯到3700多年前。

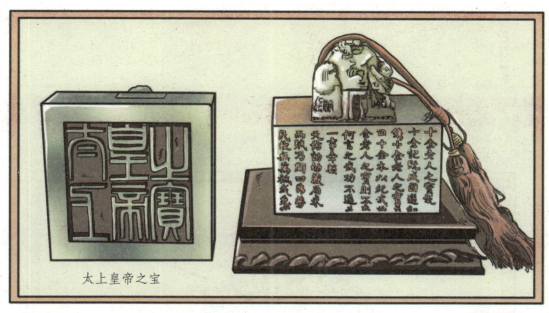

太上皇帝之宝

篆刻欣赏

好精美的篆刻！

篆刻程序

篆刻的程序一般是先将印面用砂布、砂纸磨平，磨时要缓慢，用力要均匀。

磨平印面后，就可以按照印石的形状、采用的字体和印文内容在纸上设计印稿。

设计稿定稿后用毛笔直接用反字写在印面上，待墨迹干透即可操刀刻印。

印面刻好后还要在印的侧面刻上边款，一般是篆刻人的姓名或求刻者的姓名等。

篆刻是书法、章法、刀法三者完美的结合。一方印既有飘逸的书法，又有优美的绘画，更有刀法的雕刻神韵，方寸之间气象万千。

秦朝以前称篆刻作品为"玺"——这是中国印章最早的名称。

先秦及秦、汉的玺印，是权力和凭证的信物，其中"传国玉玺"更象征着至高无上的权力。

汉代玺印空前发展，除帝王印仍称"玺"外，其余都称"印"。

关中侯印

篆刻是书法、章法、刀法三者完美的结合。

传国玉玺

　　传国玉玺又称"传国宝"，奉秦始皇之命制作。它方圆四寸，上面五条龙扭在一起，正面是丞相李斯篆刻的"受命于天，既寿永昌"。

　　历代帝王都奉此玺为国之重器，得之则象征其"受命于天"，反之则是"白版皇帝"，被世人嘲笑。

　　"传国玉玺"的争夺战屡次上演，致使它屡易其主，最后销声匿迹，至今杳无踪迹。

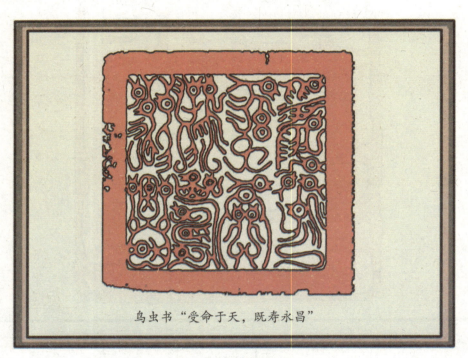

鸟虫书"受命于天，既寿永昌"

第六章

Chapter 6

庙会

华纳博士，你不是说在古书里放了追踪器吗？

这……咦，你们看，那边敲锣打鼓的，好热闹啊！

他们是去妙峰山参加庙会的。

燕子翻身、哪吒探海、单手大顶……好技艺呀！

你看那对铁打的流星锤，少说也有10千克，被它锤到肚皮竟然可以不受伤……

布卡等人挤到舞狮子的人群中。

你看这几只手舞足蹈的狮子，真可爱！

它们在抢夺挂在上面的绣球呢！你们看，红狮子直立起来啦！

那只黄狮子也毫不示弱……等等，对面那个观众怎么看着这么眼熟？

机器猫！塞西！终于找到你们啦！

庙会

　　位于妙峰山山顶的娘娘庙始建于元代，因庙内有一高大的岩石独立，在阳光的映照下熠熠闪光，所以人们称妙峰山为"金顶妙峰山"。

　　妙峰山庙会是京城最盛大的庙会。届时，北京、天津、河北、河南、山东、东北三省甚至陕西、广东等全国各地以及日本、东南亚各国的香客信徒们，纷纷前来朝顶进香。

香会

　　到娘娘庙进香，讲究的是抢头香。旧时上妙峰山必须攀越20多千米的崎岖山路，香会期间有数十万人上山进香，他们早早出发，期待能抢到头香，给自己带来好运。

　　除了散客，还有专为进香结成团体的香会组织。香会由村中德高望重的老人担任会头，其他村民各任其职。他们前有铜锣开道，后有手持斧锤的壮士，声势浩大。

前来妙峰山进香的香会数目十分庞大，又分为文会和武会。

文会是负责设点服务的慈善组织，如沿途的粥棚、茶棚、馒头棚等，免费提供粥和茶等。

武会负责表演，如高跷、秧歌等，其精彩的技艺引得观者如潮。

香会少则几十人，多则万人，庙会开始前就开始行动，是庙会中最活跃、最突出的群体。

妙峰山庙会最大的看头就是香会进香，一般分为三拨：

第一拨是修道会、清道会等香会，提前一周进山，修理道路，清理卫生；

第二拨是庙内服务的香会，如掸尘老会、献供会、鲜花会等，提前两三天进庙，扫除灰尘，摆放水果、鲜花等贡品；

第三拨是各种茶会、粥会，提前两天在香道沿线设点，给进香的香客舍茶，舍粥，舍馒头。

第七章

chapter 7

吃相各异的客人们

你是谁呀，笑得这么诡异？！

欧蕊和塞西紧紧拥抱在一起，华纳博士激动地对着机器猫张开怀抱。

冲过来——

想不到误打误撞开启了时空穿越……这是哪里？

是一个四合院，从规格来看是个大户人家。

本来打算用皮影唤醒机器猫的记忆，可是还没等做好，他就跑去逛庙会了。

你们是谁？为什么擅闯顾家？给我拿下！

一个管家和几个家丁，簇拥着一位穿着华贵的中年男子走了出来。

老爷，您到底打算拿什么稀世珍宝打败前来炫奇的那帮富商啊？

布卡盯着对他们怒目而视的家丁，灵机一动。

我想到一个好主意！

在全聚德的一个包间里，顾员外笑容满面地张罗着。

多亏你们的平板电脑了，那帮家伙看得全都傻眼了！

大家别客气，我们帮顾员外赢得第一，这顿饭他请客，烤鸭管够！

这几位怎么跟5天没吃饭似的！

天下怎么会有这么好……好吃的东西？烤鸭是怎么做出来的？

烤鸭是挂在特制的炉子里烤出来的，要经过整整31个环节……

管家毕恭毕敬地走了过来，对顾员外耳语了几句。

有个穿带尾巴衣服的人在外面探头探脑？霍曼？！

你是顺风耳吗？别人的耳语也听得这么清楚！

全聚德挂炉烤鸭技术

　　全聚德始建于清朝同治三年（1864），创始人杨全仁雇用山东名厨孙师傅，用宫廷御膳房流传出来的挂炉烤鸭技术精制烤鸭。

　　挂炉烤鸭以明火烤制45分钟左右而成，烤出的鸭子丰盈饱满，颜色鲜艳，皮脆肉嫩，肥而不腻，片成80片到100片，配以荷叶饼、葱、酱食用，让人回味无穷，赢得了"京师美馔，莫妙于鸭"的美誉。

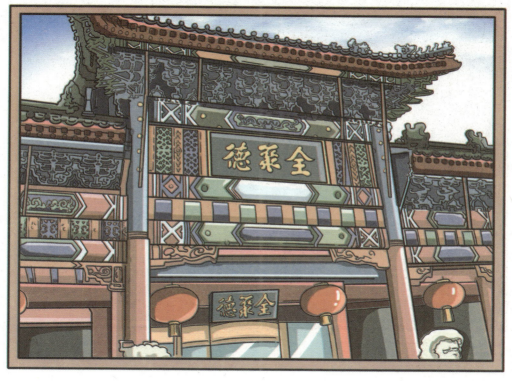

挂炉烤鸭使用枣木、梨木等果木燃料，在特制的高大而深广的烤炉中，用挑杆有规律地调换鸭子的位置，使其受热均匀。挂炉烤鸭依靠热力的反射来烤制鸭子，而不是以火苗直接燎烤。

一炉可烤十几只鸭，可以一面烤一面向里面续鸭。

挂炉烤鸭技艺分为宰烫、制坯、烤制和片鸭四道工序，31个环节。

好香的味道！

首先要经过宰杀、烫毛、褪毛、择毛，称为宰烫；然后去舌、去掌、翅下切口、剥离食管和气管、吹气、掏膛、支撑、洗膛、切二节翅、挂钩、烫坯、打色、淋水、晾坯等，制成鸭坯。

只有个头儿大小整齐、皮肤光滑的鸭坯才能供给全聚德各家门店。

然后进入烤制工序：点火烘炉、堵塞、灌汤、二次打色、入炉、翻转、燎裆、出炉、拔堵、摘钩。

烤鸭出炉了！

紧接着片鸭、装盘，才能最终端上食客们的餐桌。

在这中间，中国人有了一项特别伟大的发明：不给鸭子开膛，只开个小洞把内脏拿出来，然后往鸭肚里面灌开水，再把小洞系上，然后挂在炉子上烤，即上文所说的灌汤环节。

这个方法既可防止鸭子因被烤而失水，还可以把鸭子的皮胀开以防被烤软，烤出的鸭皮很薄很脆，成了烤鸭最好吃的部分。

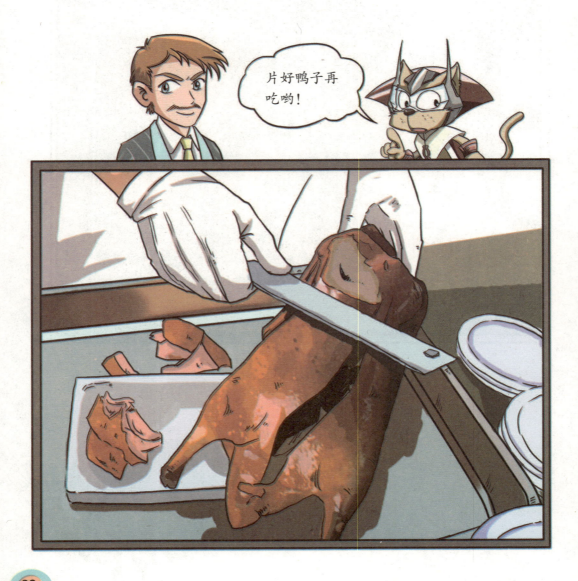

第八章
chapter 8

脸谱

众人拔腿直追霍曼。

呼呼——

这个家伙怎么阴魂不散啊?

肯定是在妙峰山跟着穿越过来了。

霍曼跑进去了!顾叔叔他们怎么还没追上来?

进去看看!

哇，这么多绚丽夺目的戏服！

这些人的脸谱才好玩儿呢！

一位画着脸谱的艺人停下练习，惊奇地打量着眼前的不速之客。

是的，京剧的道具十分讲究，手里拿着马鞭就代表胯下骑马。

那面绣着车轮图案的旗子就代表马车了？

聪明！不过我们这里规定闲杂人等不得入内……

我们是来拜师学艺的！

布卡，你搞什么鬼？

师傅让我每段练习30遍，这才唱了7遍，我嗓子已经冒烟了！

这种长袖子叫水袖，它在戏曲里起到将人物感情放大、延长的作用。

霍曼？！原来他真的藏在戏班里！

终于现身了！这下你知道我为什么执意留下了吧！

京剧

京剧，被视为中国国粹，它的足迹遍布世界各地，成为介绍、传播中国传统文化的重要媒介。

京剧的前身是徽剧。清代乾隆五十五年（1790年）起，南方的三庆、四喜、春台、和春四大徽班陆续进入北京，与来自湖北的艺人合作，同时接受昆曲、秦腔部分曲调和表演方法，又吸收了一些民间曲调，通过不断融合，最终形成京剧。

京剧角色

生、旦、净、丑四种：

生指男子，又分老生、小生、武生等；

武生

旦指女子，又分正旦（青衣）、老旦、花旦、花衫、武旦等；

花旦

净就是花脸；

丑就是丑角，又分文丑、武丑。

京剧基本功

四功五法：四功是唱、念、做、打，五法是手、眼、身、法、步。

唱是行腔，念是具有音乐性的念白，做是做表和身段，打是结合民间武术将其舞蹈化的武打动作。

脸谱

京剧脸谱颜色众多，是为了让观众区分人物的性格和特质。正如一首歌所唱："蓝脸的窦尔墩盗御马，红脸的关公战长沙，黄脸的典韦，白脸的曹操，黑脸的张飞叫喳喳……"

蓝脸代表性格刚直，如窦尔墩；红脸象征忠义耿直，如关公；黄脸代表凶残狡诈，如典韦；白脸代表奸诈多疑，如曹操；黑脸代表威武有力，如张飞。

水袖

　　戏曲服装多在袖口上缝有一段白绸，称水袖。演员可以利用水袖的舞动，表现剧中人的多种感情，并增加形象的美感。

　　水袖技巧的基本要领在于肩、臂、肘、腕、指等各部位的协调配合，姿势有数百种，如抖袖、挥袖、拂袖、抛袖、扬袖、翻袖等，不胜枚举。

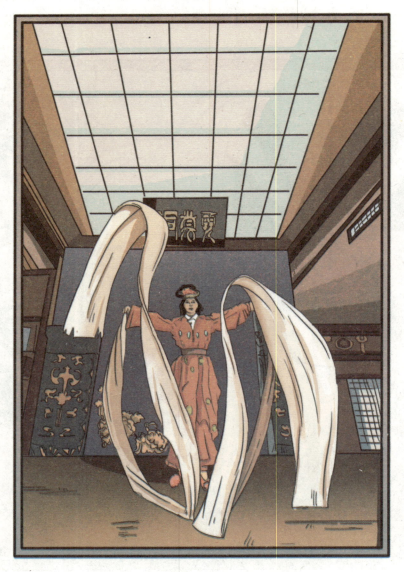

水袖

第九章

Chapter 9

救命恩人

我偷幅书法作品想换些银子，被你们破坏了，好不容易找个戏班想混口饭吃，你们又来捣乱！

把古书交出来！

别指望和我抢东西，虽然我不会撒娇，但我会耍阴谋！

布卡和瑞瑞一脚踩空，掉进了霍曼提前挖好的陷阱里。

啊

你好卑鄙！

机器猫，你来得正好！快帮我们抓住这个坏蛋！

他们才是坏蛋！机器猫，赶紧跟我走吧！

他们两个长得很像坏人！

救命啊！！！

布卡，我们会不会饿死在这里？

机器猫不仅失忆，而且视力极差，竟然说我们两个长得像坏人！

小家伙儿们，快上来吧！

太谢谢您了……咦，这泥人是您捏的？天哪，太传神啦！

制作泥人的过程是有讲究的，要先上后下，先里后外，也就是先做头，再根据头的比例做身子。

老人解救了布卡他们，并给他们传授制作泥塑的技法。

这泥巴摸起来特别黏。

不过这种黏土在我生活的那个时代已不好找了。

我用的泥取自古河道地下1米处的红色黏土，然后经过特殊工艺制作而成。

你生活在什么时代?

没什么……我的泥人捏好啦，然后怎么办?

泥人要放在阴凉处风干，千万别晒，一般风干30天左右，再用砂纸打磨。

我要彩色的!

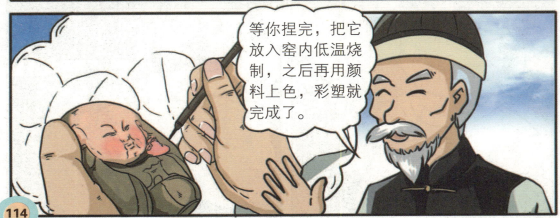

等你捏完，把它放入窑内低温烧制，之后再用颜料上色，彩塑就完成了。

哗啦啦——

怎么是你们？

我的失忆症装得不错吧？瞧，我成功骗回了古书。

机器猫在我们吃烤鸭的时候就已经恢复记忆了。

也就是说，你丢下掉进陷阱的我们扬长而去的时候，已经恢复记忆了？

装失忆的代价就是，关键时刻我得对你落井下石。

那你们怎么找到这里的？

我还以为追踪器放在古书里，原来在你身上。

你真行！

我们还是研究一下第三个填字游戏吧！

是一幅画，上面画了5只羊……

羊城广州？

彩塑

　　泥人彩塑是中国的传统手工艺术，在全国很多地方都有其代表性的地方泥塑，而老北京泥塑创作题材更为广泛，比如兔爷、戏剧脸谱、古典文学名著中的人物等都能在老北京泥塑作品中找到对应，其中象征吉祥、幸福的兔爷和千变万化的戏剧脸谱更是老北京泥塑的代表。

　　老北京泥人彩塑用色简雅明快，用料讲究，所捏的泥人历经久远，不燥不裂，栩栩如生。

做得太生动了！

泥塑绝招儿

　　泥塑作品的好坏，主要取决于原材料的好坏，也就是土质的好坏。泥塑所选用的是带有黏性且颗粒比较细腻的土。

　　好的黏土取回后，要放置在大缸或水池中，加水和成稀泥浆，待其慢慢沉淀后，滤去上层的清水，再取出最上层的细腻的泥土，晒干，打制成坯，然后进入下面的打制工序。

打制时，将一定量的黏土放在一条青石板上，用一把木槌反复砸制并按照比例加入棉絮，直到从外部完全看不到棉絮，胶泥掰开后能看到均匀的棉丝时，黏土就打制完成了。

　　打制成型的土坯被称为熟土，用油布包好放入制作室的地窖内保存，随用随取。熟土一般要保存3年才能使用，用这样的熟土制作出来的作品绝对不会开裂。

看漫画
领专属角色头像

跟着书本去旅行
在阅读中了解华夏文明

01

角色头像

把你喜欢的
角色头像带回家

02

阅读延伸

了解更多
有趣的知识

03

趣味视频

从趣味动画中
漫游中国

还有【阅读打卡】等你体验